DENTRO DEL MUNDO DE LA
MATERIA

Jane Weir, MPhys

Physical Science Readers:
Dentro del mundo de la materia

Créditos de publicación

Directora editorial
Dona Herweck Rice

Directora creativa
Lee Aucoin

Editor asociado
Joshua BishopRoby

Gerente de ilustración
Timothy J. Bradley

Editora en jefe
Sharon Coan, M.S.Ed.

Editora comercial
Rachelle Cracchiolo, M.S.Ed.

Colaborador de ciencias
Sally Ride Science

Asesores de ciencias
Michael E. Kopecky,
 Science Department Chair,
 Chino Hills High School
Jane Weir, MPhys

Teacher Created Materials

5301 Oceanus Drive
Huntington Beach, CA 92649-1030
http://www.tcmpub.com
ISBN 978-1-4258-3222-3
© 2017 Teacher Created Materials

Índice

En materia de la materia 4

Átomos y elementos 6

Moléculas 12

Estados de la materia 16

Mezclas... 24

Apéndices 28

    Laboratorio: Separar mezclas............................. 28

    Glosario 30

    Índice analítico... 31

    Sally Ride Science 32

    Créditos de imágenes 32

En materia de la materia

Piensa en todo lo que hay en tu casa. Piensa en cómo se diferencian algunas cosas. Algunas son brillantes, otras son opacas. Algunas son blandas, otras son duras. Algunas son magnéticas, otras no lo son. Algunas se sienten frías al tacto, otras no. Algunas son quebradizas, otras rebotan. Algunas son sólidas, otras son líquidas y otras son gaseosas. Algunas se pueden ver, a otras ni siquiera las notas. Algunas tienen vida, otras jamás la tuvieron. Algunas se pueden comer, otras son venenosas.

Ahora, piensa en todas las cosas que hay en tu ciudad, en tu país, en el mundo y hasta en el universo. Existen millones de tipos de cosas diferentes en el universo. Todas ellas están hechas de **materia**.

La materia es la sustancia, o el material, de la que todo está hecho. Pero, ¿qué forma la materia? Sorprendentemente, de los millones de cosas en el universo, todas y cada una de ellas están compuestas de un poco más de 100 ingredientes diferentes. La palabra apropiada para estos ingredientes es **elementos**.

En este libro, aprenderás más sobre los ingredientes que componen todas las cosas del universo.

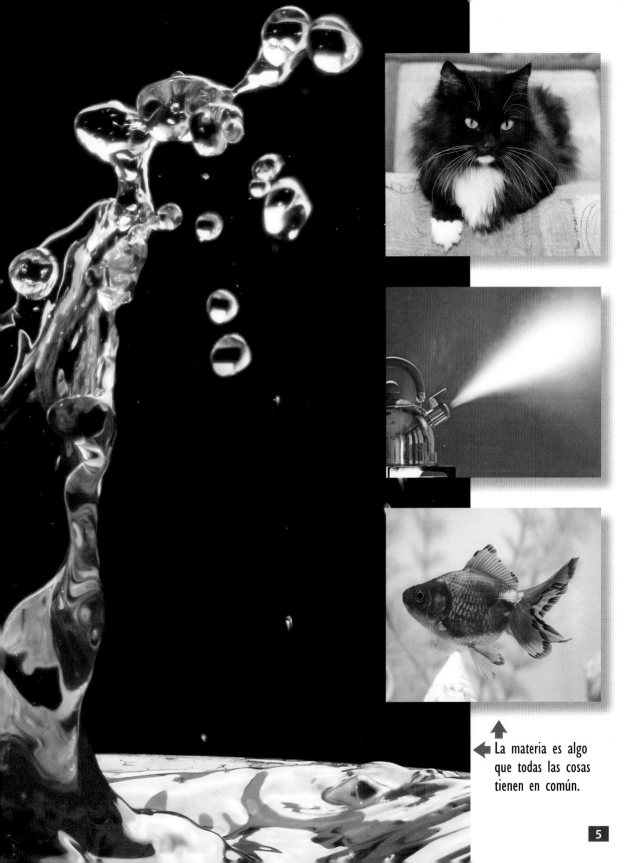

La materia es algo que todas las cosas tienen en común.

Toda la materia está compuesta de **átomos**. Los átomos son **partículas** diminutas. Hasta el aire está compuesto de átomos. Los átomos son tan pequeños que miles de miles de millones de ellos caben en una cucharita. Nadie puede verlos sin ayuda. Se requiere un microscopio potente para poder verlos bien.

Existen cerca de 100 tipos de átomos diferentes. Se pueden agrupar de muchas maneras. Cada manera conforma uno de los millones de cosas diferentes que existen. Esto se llama **disposición atómica**.

Las cosas que están compuestas de solo un tipo de átomo se llaman *elementos*. Existen cerca de 100 tipos diferentes de elementos.

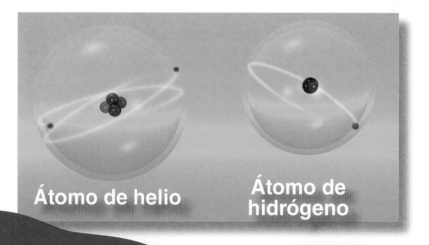

Átomo de helio

Átomo de hidrógeno

Dato curioso

Los átomos son tan pequeños que tomaría cerca de 1,000 años contar todos los átomos presentes en una sola manchita, como en este punto ortográfico. ¡Ni el tiempo desde el inicio del universo hasta ahora bastaría para contar la cantidad de átomos en tu cuerpo!

36 millones, 893 mil, 224...

También somos polvo de estrellas

El universo comenzó, principalmente, como hidrógeno. Todos los otros elementos se formaron a partir de reacciones nucleares en las estrellas. Cuando las estrellas envejecen, algunas de ellas se ensanchan y explotan. Los diferentes elementos están esparcidos por todo el universo. Esto proporciona los materiales para la composición de todas las cosas que vemos en la Tierra, incluidos nosotros. Los átomos del cuerpo no son distintos de los átomos que componen cualquier otra cosa. Es la manera en la que están dispuestos lo que nos hace diferentes de una lata de sopa o de la cola de un cometa.

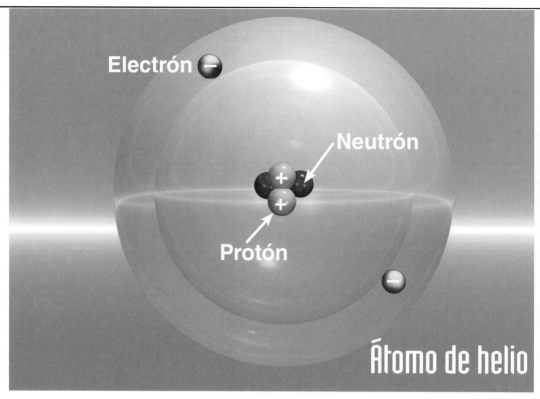

Electrón ⊖

Neutrón

Protón

Átomo de helio

▲ Este diagrama muestra el equilibrio de carga de un átomo de helio. Los dos protones positivos equilibran a los dos electrones negativos.

Dentro de los átomos

Cada átomo está compuesto de partes todavía más pequeñas. Hay tres tipos básicos de estas partes. Son los **protones**, los **neutrones** y los **electrones**. Los protones y los neutrones están amontonados en el centro del átomo. El centro se llama **núcleo**. Afuera de este agrupamiento, hay un área del átomo que es principalmente un espacio vacío. Minúsculos electrones se mueven alrededor de este espacio. Los electrones son todavía más pequeños que los protones o los neutrones. Viajan a gran velocidad.

Los protones tienen una carga eléctrica positiva. Los neutrones no tienen carga. Los electrones tienen carga negativa. Siempre existe la misma cantidad de protones que de electrones en un átomo. Las cargas se equilibran mutuamente. La mayoría de los átomos no tienen carga. Es como mezclar pintura negra y blanca. Dejas de tener negro o blanco. Tienes gris, sin carga.

Lo que hace que los elementos sean diferentes es la cantidad de protones en los átomos. Los átomos de hidrógeno son el tipo más simple de átomo. Solo tienen un protón y un electrón.

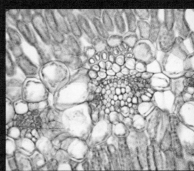

La tabla periódica

Los elementos se pueden agrupar según sus **propiedades**. Las propiedades son lo que hacen que cada elemento sea único. Incluyen cosas como la cantidad de electrones y la distancia entre los átomos. Los elementos también se pueden agrupar según cuán **reactivos** sean. Eso significa la manera en la que actúan entre ellos. También significa la manera en la que reaccionan al calor y al frío.

Una buena forma de ordenar los elementos es en una tabla. En 1869, un científico ruso creó una tabla para organizar los elementos. Se llama **tabla periódica**. Es una tabla que los científicos usan aún en la actualidad.

La estabilidad de los elementos

Cuando una sustancia está compuesta por el mismo tipo de átomos, se le denomina elemento. Los elementos no se pueden transformar fácilmente en otros elementos. En otras palabras, el hierro siempre será hierro. No se puede transformar en otro elemento. Puedes calentarlo. Puedes golpearlo. Puedes sumergirlo en ácido. Sin importar lo que hagas, seguirá siendo hierro. Es posible que no tenga el mismo aspecto después de hacer estas cosas. Pero aun así, estará compuesto de átomos de hierro.

El motivo es sencillo. Transformar un elemento en otro implica transformar el núcleo de cada átomo. Es muy difícil dividir un núcleo. Una fuerza muy potente lo mantiene unido.

Dato curioso

En la antigüedad, las personas creían que podían fabricar oro. Pensaban que si fundían con calor metales comunes junto a otros elementos podrían hacerlo. Hoy en día, sabemos que eso no es verdad. No se puede transformar un elemento con calor.

Los átomos se pueden unir para formar **moléculas**. En las moléculas, los átomos comparten algunos de sus electrones.

Las moléculas se unen para formar sustancias. Cada molécula de una sustancia tiene las mismas propiedades que el todo. Entonces, una molécula de una sustancia reacciona de la misma manera que el grupo entero de moléculas.

Algunos elementos existen como moléculas. Un ejemplo es el oxígeno. El oxígeno está en el aire que respiramos. Está compuesto por dos átomos de oxígeno enlazados. Se puede escribir como O_2.

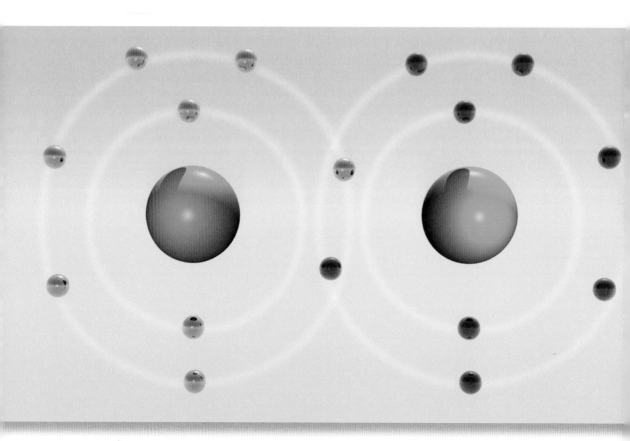

⬆ Estos son dos átomos de oxígeno enlazados porque comparten sus electrones.

¿Por qué los copos de nieve tienen seis lados?

Cuando las moléculas se unen, lo hacen en patrones. Los patrones que crean dependen de cómo las partes que los forman se atraen mutuamente. La figura de las moléculas y sus diminutos enlaces determinan los patrones que vemos. Cuando el agua se congela, cada molécula crea seis enlaces con otras moléculas de agua. Por eso, los copos de nieve tienen seis lados.

Muchos patrones de la naturaleza se producen debido a las figuras que crean las moléculas cuando se enlazan. Por ejemplo, los nervios de las hojas se crean de esta manera.

Los cristales de hielo se congelan juntos en figuras complejas de seis lados. ¡Las llamamos copos de nieve!

Compuestos

Un **compuesto** se crea cuando se unen los átomos de diferentes elementos. Se convierten en una nueva sustancia. Los compuestos tienen diferentes propiedades respecto a los elementos que los componen.

Por ejemplo, el agua está compuesta de hidrógeno y oxígeno. Pero no es como ninguno de los dos. El agua es un compuesto. Cada molécula de agua tiene dos tipos de átomos. Cuenta con dos átomos de hidrógeno y un átomo de oxígeno. Se escribe como H_2O. El número dos significa que son dos los átomos de hidrógeno en la molécula. La falta de un número después de la O significa que solo hay un átomo de oxígeno.

Los compuestos son creados por elementos reactivos. Los elementos reactivos se unen fácilmente con otros. Algunos elementos son muy reactivos y otros no lo son. Cuanto más reactivo sea un elemento, mayores probabilidades tendrá de formar compuestos.

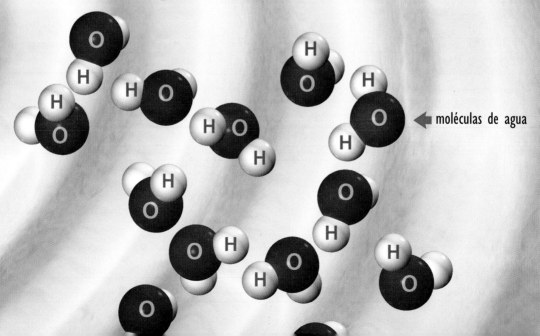

◀ moléculas de agua

¡Sorprendente!

Hay alrededor de 1,000,000,000, 000,000,000,000,000 (un cuatrillón) de moléculas de agua en un vaso mediano de agua.

Demasiado caliente para ser manipulado

Un elemento muy poco reactivo es el gas argón. Se usa en bombillas de luz porque no se incendia cuando se calienta. Un elemento muy reactivo es el metal de sodio. ¡Debe conservarse en aceite porque se incendia si entra en contacto con el aire!

Estados de la materia

La materia puede ser sólida, líquida o gaseosa. Estos son los tres **estados de la materia**. Cuando el agua está en estado sólido, puedes patinar sobre ella. Puedes ponerla en tus bebidas para enfriarlas. La llamamos hielo. Cuando el agua está en estado líquido, puedes nadar en ella. Puedes beberla o bañarte con ella. Puedes regar las plantas con ella. Puedes llenar el recipiente para el agua de tu perro con ella. Cuando el agua está en estado gaseoso, se llama *vapor*. El vapor de agua jamás quedaría en el recipiente para agua de tu perro. Es de lo que están compuestas las nubes. La ves como vapor que sale de una tetera o se eleva sobre un tazón de sopa caliente.

Los témpanos son como cubos de hielo que flotan en un vaso con agua, pero flotan en el océano. Al igual que los cubos de hielo, se elevan hacia la superficie.

¿Por qué aparece agua afuera de mi vaso?

En un día caluroso y húmedo, el aire contiene muchas moléculas de agua. Las moléculas tienen mucha energía y se mueven mucho. Si chocan contra los lados de un vaso frío con agua, pierden un poco de energía y se desaceleran. Algunas de las moléculas se desaceleran tanto que no tienen suficiente energía para seguir en estado gaseoso. Se convierten en líquido afuera del vaso.

Las sustancias pueden cambiar de un estado de la materia a otro. Por ejemplo, pueden derretirse o **evaporarse**. Sin embargo, el estado cambiante no modificará las moléculas. Permanecen iguales. Así, las moléculas de agua son las mismas, ya sean de hielo, agua o vapor.

La mayor parte de las sustancias se expanden cuando se calientan. Esto se debe a que las moléculas vibran más y se separan entre ellas. La cantidad de movimiento de las moléculas es diferente para los sólidos, los líquidos y los gases. Las moléculas más activas están en los gases. También son las que están más separadas. Las menos activas están en los sólidos. Generalmente, son las que se encuentran más juntas.

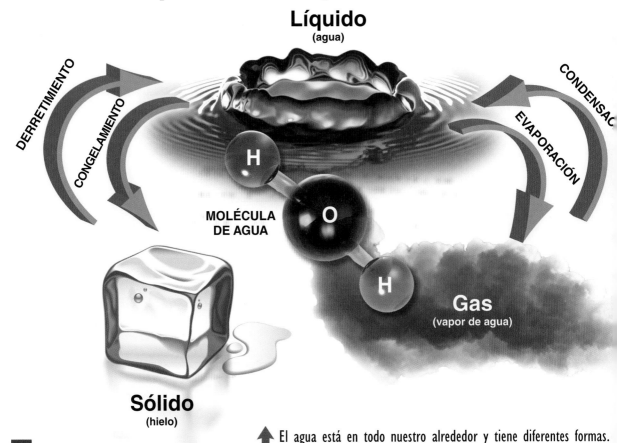

El agua está en todo nuestro alrededor y tiene diferentes formas.

¡Inténtalo!

La mayoría de los elementos se contraen (se achican) cuando se congelan. Se debe a que las moléculas en los sólidos se mueven menos que en los líquidos. El agua es uno de los pocos elementos que se expande cuando se congela. Como el hielo es menos denso que el agua, flota. Si pones un recipiente lleno de agua en el congelador con una tapa sobre él, la tapa saltará cuando se congele.

¿Ventanas en movimiento?

Algunos edificios antiguos en Europa tienen ventanas que son más gruesas en la parte inferior que en la superior. Se creía que el vidrio había "fluido" hacia abajo con el transcurso del tiempo. Esto no es posible porque el vidrio es un sólido. Las ventanas simplemente fueron fabricadas de esta manera.

El helado es un sólido. Cuando se derrite, se convierte en líquido.

¿Por qué la sopa se enfría más rápido si la soplo?

La superficie de un tazón de sopa no está quieta. Si pudieras ampliarla millones de veces, verías que ocurren muchas cosas. Las moléculas van y vienen todo el tiempo entre la superficie y el aire que está justo sobre ella. Hay partículas que se evaporan y se condensan en todo momento. Si soplas la sopa, remueves las moléculas que podrían haber estado moviéndose en el aire encima de la sopa. En lugar de volver a sumergirse, estas salen volando. De esta forma, son más las moléculas que se van que las que vuelven. La sopa se evapora. Las moléculas que se van tienen más energía que el resto de las que quedan en la sopa. Entonces, cuando se van, las que quedan tienen menos energía en conjunto. La energía de las moléculas es igual al calor. A medida que las moléculas con más energía se van, la sopa se enfría.

Las moléculas de un sólido están agrupadas de manera muy estrecha. Tienen posiciones fijas. Solo se pueden mover por vibración en estas posiciones. Por eso los sólidos conservan su forma. No fluyen. Es difícil comprimir (apretar) sólidos porque las moléculas ya están juntas.

Las moléculas de un líquido están más alejadas. Se pueden mover traspasándose mutuamente con facilidad. Los líquidos pueden fluir y cambiar de forma. Pueden esparcirse para crear charcos. Un líquido llenará el fondo de cualquier recipiente en el que se encuentre. Aun así, conservará el mismo volumen. No aumentará de tamaño.

Las moléculas de un gas están más separadas en comparación con los sólidos y los líquidos. Pueden moverse libremente. Un gas llenará todo el espacio de un recipiente. Es fácil comprimir un gas porque las moléculas están alejadas entre ellas.

ólido   Líquido   Gas

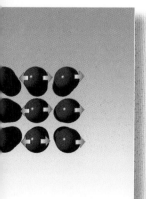

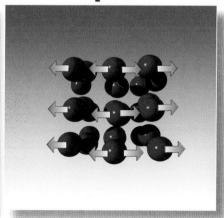

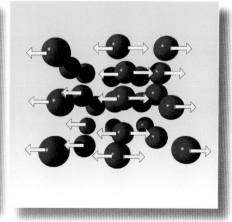

El cambio de un sólido a un líquido o a un gas está marcado por un cambio en el espacio entre las moléculas.

¿Por qué puedo ingerir cloruro de sodio pero no sodio ni cloro?

El nombre químico de la sal es cloruro de sodio. Cada molécula de sal está compuesta por un átomo de sodio y un átomo de cloro. Los científicos lo escriben como *NaCl*. *Na* representa el sodio. *Cl* representa el cloro. Por sí solo, el sodio es un metal que te haría daño si lo consumieras. El cloro es un gas venenoso. Sin embargo, juntos forman la sal. La sal no es un metal; tampoco es venenosa. Afortunadamente, cuando las cosas se unen en reacciones, las sustancias que forman son nuevas. Tienen propiedades diferentes de las de las cosas que las componen. Por ejemplo, el óxido está formado por hierro y oxígeno. Sin embargo, no se comporta como ninguno de los dos.

Cuando enfrías algo, le quitas la energía. Cuanto más frío esté algo, menor es el movimiento de sus átomos. A menos 273 grados Celsius, hace mucho frío. Hace tanto frío que casi todo será sólido. Las moléculas vibrarán lo menos posible. Esa es la temperatura más fría que pueden tener las cosas. Se conoce como **cero absoluto**. No es posible remover más energía de algo que está en cero absoluto.

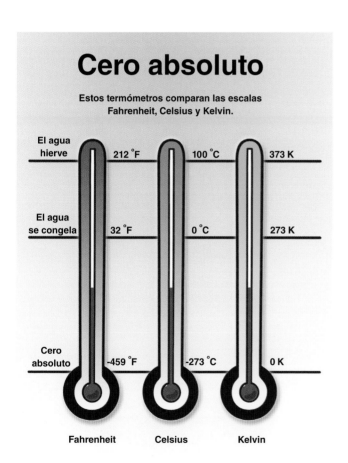

Cero absoluto

Estos termómetros comparan las escalas Fahrenheit, Celsius y Kelvin.

	Fahrenheit	Celsius	Kelvin
El agua hierve	212 °F	100 °C	373 K
El agua se congela	32 °F	0 °C	273 K
Cero absoluto	-459 °F	-273 °C	0 K

Max Planck

La termodinámica es el estudio del calor y de cómo se mueve. Las leyes de la termodinámica describen por qué se producen las reacciones. La conservación de la energía, o el mantenimiento de la energía, es una de estas leyes. Max Planck, un científico famoso, estudió esto. Aprendió mucho sobre el calor y la energía. Su trabajo cambió lo que los científicos creían saber.

⬆ Normalmente, los átomos se mueven a 1,000 mph. Si la temperatura es cercana al cero absoluto, es como moverse en barro espeso. Aunque los movimientos de los átomos normalmente parecen ser al azar, cerca del cero absoluto los movimientos parecen un baile de olas diminutas.

Una mezcla no es lo mismo que un compuesto. Algunas mezclas cotidianas son el aire y la sangre. Las mezclas contienen muchos tipos de átomos y moléculas diferentes. No todos los átomos y las moléculas se unen por medio de reacciones. Se pueden separar fácilmente si sabes cómo hacerlo.

La manera en que se separa una mezcla es mediante el uso de las propiedades de las sustancias en la mezcla. Estas propiedades son cosas como puntos de fusión y ebullición. La capacidad de disolverse en agua o en aceite también es una propiedad. Otra propiedad es si es magnética o no. Y otra propiedad es el tamaño de sus trozos sólidos.

▼ Este diagrama muestra las partes que forman la sangre. La foto del fondo muestra los glóbulos rojos tal como se ven bajo un microscopio.

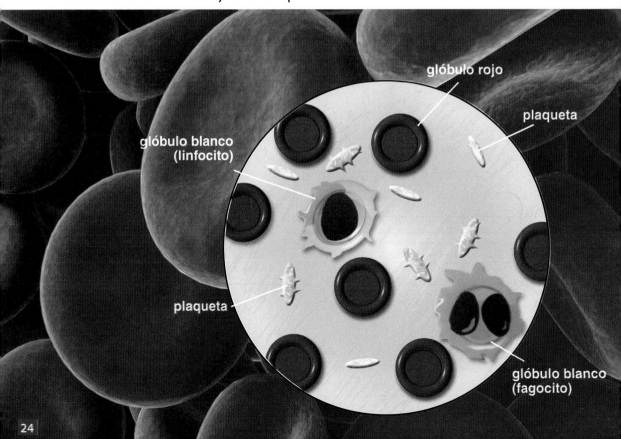

glóbulo rojo

plaqueta

glóbulo blanco
(linfocito)

plaqueta

glóbulo blanco
(fagocito)

¿Qué hace que una lámpara de lava funcione?

Una lámpara de lava es una lámpara que brilla con un color resplandeciente y que muestra una masa que se mueve y cambia en su interior. La lámpara funciona mediante el uso de propiedades físicas. Contiene una mezcla de agua y cera. La cera es menos densa que el agua cuando está caliente y fundida. Pero es más densa que el agua cuando está fría. Cuando se enciende la lámpara de lava, un calentador en la parte inferior calienta la cera y la ablanda. A medida que la cera se ablanda, se vuelve menos densa y flota hacia la parte superior de la lámpara en forma de burbujas. Cuando se enfría, se vuelve sólida y cae hacia la parte inferior nuevamente.

Separación de mezclas

Si un sólido no se puede disolver, se pueden usar filtros para separarlo de un líquido. Por ejemplo, un filtro de café puede separar granos de café del café. También se pueden filtrar sólidos del aire. Las máscaras antipolvo sirven para eso.

Si un sólido no se puede disolver, la ebullición puede ser una manera de separarlo de un líquido. Por ejemplo, hervir agua del mar evapora el agua y deja los cristales de sal.

Un tamiz puede separar partículas sólidas grandes de partículas sólidas pequeñas. Esto se puede hacer con guijarros en el suelo.

◄ Las mezclas se pueden separar en sus partes mediante filtración, evaporación u otros medios.

La **cromatografía** separa las sustancias de una mezcla. Permite que las diferentes partes se dispersen alejándose unas de otras. Por ejemplo, puede separar los colorantes de la tinta. Los científicos la usan en escenas de crímenes. Pueden usarla para identificar sustancias desconocidas, como la sangre.

⬆ Un científico usa la cromatografía en papel para estudiar los colorantes. Esto implica colocar una pequeña cantidad de sustancia en un pedazo de papel de filtro y luego, lentamente dejar caer gotas de un solvente (sustancia que puede disolver a otra) en el centro del papel. El solvente expande la sustancia a diversas velocidades. La distancia recorrida con el transcurso del tiempo se usa para identificar cada componente.

Los científicos que estudian la física deben conocer todo sobre la materia. Deben saber de qué está hecha y cómo se comporta. Algo importante que deben saber es cómo actúan las diferentes sustancias cuando están juntas. A veces se unen, como cuando el hidrógeno y el oxígeno forman el agua. Otras veces, simplemente se mezclan. Lo que está mezclado puede separarse. Esta actividad de laboratorio te ayudará a aprender cómo separar mezclas. Deberás conocer algunas de las leyes de la física para hacerlo.

Materiales

- agua
- cuchara
- dos vasos de laboratorio grandes
- embudo de filtración
- gasa

- imán potente
- mezcla de guijarros, arena, sal y virutas de hierro
- papel de filtro
- pinzas
- tamiz con orificios de 1 cm
- trípode

Procedimiento

1 Mezcla los guijarros, la arena, la sal y las virutas de hierro.

2 Ahora, separarás nuevamente la mezcla. Para hacerlo, deberás poner en práctica lo que has aprendido sobre las mezclas, sus propiedades y cómo separarlas.

Piensa en lo que sabes sobre los materiales de la mezcla. Piensa en sus propiedades. ¿Cómo puedes separarlos? Sigue los pasos restantes a continuación.

3 Filtra los guijarros con el tamiz.

4 Usa el imán para remover las virutas de hierro.

5 Coloca la mezcla de arena y sal en el vaso de laboratorio grande. Agrega agua y revuelve hasta que la sal esté disuelta.

6 Coloca el papel de filtro dentro del embudo de filtración. Coloca el segundo vaso de laboratorio debajo del pico del embudo. Vierte la mezcla a través del embudo. La arena quedará en el papel.

7 Deja la mezcla restante en un lugar muy cálido o caliente hasta que se evapore.

Si sigues estos pasos, deberías poder separar todos los materiales mediante el uso de sus propiedades físicas.

Glosario

átomos: las partículas más pequeñas de un elemento; contienen protones, neutrones y electrones, y componen toda la materia

cero absoluto: la temperatura más fría que cualquier cosa puede tener y a la cual se remueve toda la energía de ella

compuesto: una sustancia formada por dos o más tipos diferentes de átomos enlazados mediante enlaces químicos

cromatografía: el proceso de separar mezclas de sustancias con diversos puntos de ebullición o solubilidad

disposición atómica: la manera en que los átomos están organizados

electrones: partículas pequeñas con carga negativa que viajan a gran velocidad por el átomo

elementos: sustancias compuestas por solo un tipo de átomo que no se pueden reducir a sustancias más simples a través de medios químicos comunes

estados de la materia: las tres formas que la materia puede adoptar, ya sea líquida, gaseosa o sólida

evaporarse: cambiar de un estado líquido de la materia a un gas

materia: algo que tiene masa y existe en un sólido, líquido o gas

moléculas: las partículas más pequeñas de una sustancia que contienen sus propiedades

neutrones: las partículas sin carga que se encuentran dentro del núcleo de un átomo

núcleo: la parte pequeña y densa en el centro del átomo que contiene protones y neutrones

partículas: partes muy pequeñas

propiedades: cualidades que hacen que cada elemento sea único

protones: las partículas con carga positiva que se encuentran dentro del núcleo de un átomo

reactivos: sustancias que se combinan fácilmente con otras sustancias en reacciones químicas

tabla periódica: una tabla que muestra todos los elementos y cómo estos se agrupan

Índice analítico

átomos, 6–12, 14, 22–24

átomo de helio, 6, 8

átomo de hidrógeno, 6, 9, 14

cero absoluto, 23

compuesto, 14, 24

cromatografía, 27

disposición atómica, 6

electrones, 8–10, 12

elementos, 4, 6–7, 9–12, 14–15, 19

estados de la materia, 16–18, 21

evaporarse, 18, 20, 26, 29

gas, 15, 18, 21–22

líquido, 4, 17–19, 21, 26

materia, 4–6, 16, 18, 28

mezcla, 24–29

moléculas,12–15, 17–24

    –en un gas, 18, 20–21

    –en un líquido, 18–21

    –en un sólido, 18–21

neutrones, 8–9

núcleo, 8–9, 11

oxígeno, 12, 14, 22, 28

partículas, 6, 20, 26

Planck, Max, 23

propiedades, 10, 12, 14, 22, 24–25, 28–29

protones, 8–9

reactivos, 10, 14–15

sólido, 4, 16, 18–19, 21, 23–26

tabla periódica, 10

vapor de agua, 16, 18

Sally Ride Science™ es una compañía de contenido innovador dedicada a impulsar el interés de los jóvenes en la ciencia. Nuestras publicaciones y programas ofrecen oportunidades para que los estudiantes y los maestros exploren el cautivante mundo de la ciencia, desde la astrobiología hasta la zoología. Damos significado a la ciencia y les mostramos a los jóvenes que la ciencia es creativa, cooperativa, fascinante y divertida.